Tel le Phoenix qui renaît de ses cendres

Le Grand Tarot de la Vie

22 rencontres

22 poèmes initiatiques

22 illustrations dansées

Cendrine Cingala

ISBN:1515340880
ISBN-13: 978-1515340881

A la beauté de l'Amour inconditionne

Merci !

Je remercie Richard Layan pour ses photos magnifiques, sa présen
pleine d'amour et sa patience. Merci à mes parents et ma famille des
coins du monde.

Merci à Marie-France et Myriam pour leur présence amicale et notre bel
dynamique de groupe de Tarot. Merci à Myriam pour ses prises de notes

Merci à l'île de la Réunion.

Merci à toutes les belles énergies et guides qui m'accompagnent depuis
début, et dans ce voyage au coeur de la sagesse du Tarot.

Merci à tous ceux qui ont emprunté et emprunteront ces chemins d
connaissance.

Table des matières

5

Le Bateleur dans Le Grand Tarot de la Vie

Chère lectrice, cher lecteur,

Je t'offre ce livre, un partage d'expérience afin de contribuer au bonheu de l'Humanité.

Le Bateleur ? C'est chacun d'entre nous.

Nombreux sont les chemins initiatiques pour que chacun accède l'épanouissement de son être. Le Tarot se réfère à une connaissanc ancestrale, aussi simple et forte que les pyramides d'Egypte, une sagess provenant des 4 coins du monde, afin de célébrer l'évolution et l transcendance de l'être humain.

Prépare-toi à recevoir des cadeaux d'une valeur inestimable.

Prépare-toi à éclairer le présent, à développer ta conscience de l'instan présent et trouver des clé d'évolution et de réussite.

Prépare-toi à guérir, à libérer le passé.

Prépare-toi à mieux te connaître, à mieux voir ton rapport à toi-même e aux autres.

Prépare-toi pour un voyage sans fin, avec toujours quelque chose qui nou échappe...

A chaque étape du voyage, la qualité de la rencontre avec une nouvell arcane dépend de qui nous sommes et où nous en sommes. L'Initiatio dépend des qualités intellectuelles, émotionnelles, morales et intuitive de l'individu.
Chaque carte (ou arcane) illustre une dimension, un état d'âme de l'êtr humain, une partie de nous à découvrir et à faire évoluer dans le grand jeu de la vie. Les cartes se superposent et interagissent d'une façon si subtil qu'elles reflètent merveilleusement bien notre cheminement physique émotionnel, mental et spirituel.

Les cartes du Tarot d'Oswald Wirth en particulier, véhiculent des symboles une logique propre et des archétypes universels qui invitent à la poésie e à la danse. Le Bateleur entre dans la danse des mots et la danse du corps C'est ainsi qu'il s'éveille au langage de l'âme reliée au coeur.

1e la poésie et ses images, nous relient à la magie des symboles.
4e la poésie et sa musique, réveillent l'harmonie.
1e la poésie et ses rythmes, ajoutent du plaisir au voyage.

»ur chaque rencontre symbolique avec les 22 cartes, la proposition de
ème d'improvisation dansée est un moyen supplémentaire, pour nous
ire entendre la mélodie universelle. Celle-ci résonne dans le temple de
»tre corps. Au sens propre comme au sens figuré, nous dansons dans une
ste et magnifique trame énergétique.

»ut au long du voyage, soyons des Acteurs conscients des forces en Jeu,
1 nous et autour de nous. Avec grandeur et humilité, à chacun d'établir sa
»nnexion personnelle avec la Sagesse du Tarot.

I Le Bateleur

e Bateleur ? C'est bien chacun d'entre nous !

ienvenue à toi, cher ami, chercheur de Lumière et de Vérité, toi qui es éjà conscient de l'infini de tes possibilités, et de ce que peut t'offrir ce oyage initiatique !

rends bien soin de cette étincelle.

u incarnes le principe universel et captes la dimension éternelle de l'ins-int présent.

u pressens que ton âme sera éclairée par tant découvertes.

u acceptes que tu peux créer ta réalité.

vec tous les outils en toi ou à portée de main, tu sembles léger, spontané, la fois réceptif et actif, rayonnant d'une intelligence vive, d'énergie et de ouleurs.

labile et heureux d'entrer en scène, d'illusion en tour de passe-passe, tu e connectes aux élémentaux, et te tiens prêt pour le début de l'aventure, rêt pour la magie de la vie !

insi commence "La quête de perfectionnement de Soi", avec la force de i jeunesse éternelle.

'est le début d'un voyage et tu fais le 1er pas essentiel, celui de se mettre n route.

Thème d'improvisation dansée :
Je danse en me connectant à l'infinité de possibilités,
avec joie et légèreté !

Bateleur toujours à l'heure !

Des racines jusqu'au ciel
Oh, le ciel qui t'appelle !
Tes racines parmi les ronces
Dans la Terre, elles s'enfoncent.

Bateleur, c'est ton heure !
Envie d'ailleurs ? N'aie pas peur !
Sourire aux lèvres, prêt pour ton rêve
Enfin tu te lèves et saisis ton glaive !
Bateleur prêt à te battre ou peut-être à te rendre
Bateleur prêt à abattre tes cartes sans attendre
Parcours initiatique rempli d'instants magiques
Ton Aleph hébraïque promet d'être héroïque !

II La Papesse

ur le chemin du Grand Tarot de la Vie, la 1ère rencontre que tu fais est elle d'une femme à la fois mûre et jeune. Une femme qui se préserve sur e plan physique (influences du corps) et montre une certaine réserve, à 10ins que ce ne soit sa sérénité quant aux émotions et à la dualité qui nime le Bateleur.

n effet, le début du cheminement est intérieur. a Papesse possède une grande connaissance et détient des secrets qui onnent envie d'en savoir encore plus. a grande force est spirituelle : la révélation du Non-Moi. Elle a la Foi et 1dique au Bateleur un chemin d'épanouissement par la communion avec 1 Connaissance. . nous d'être réceptifs et de lever le voile de l'illusion.

Thème d'improvisation dansée :
J'expérimente avec mes 5 sens, une danse immobile et intérieure,
et j'en ressens les bénéfices spirituels.

Oh ma Papesse !

Princesse de mes nuits , maîtresse de l'ennui

Tu caches sous ta robe les mystères de ce globe
Et l'ombre de ton voile du crépuscule à l'aube
Reflète la lumière d'un esprit si subtil
Que je ferme les yeux pour en saisir le fil
Que je descends sous terre pour en capter l'essence
Et remonte les mains vides - vitale ambivalence
D'un duel sans réponse, d'un duo en solo
Au-delà du réel je m'accroche au stylo !

Le blanc immaculé de ton voile amoureux
Enveloppe tendrement mes instants douloureux
Le blanc infini de ta Paix intérieure
Envahit le sanctuaire de mon monde intérieur
Le blanc à la source des couleurs du monde
Diffuse son essence mille lieux à la ronde.

Expérience de la Paix, dont je me souviendrai !

III L'Impératrice

2ème rencontre est aussi une femme. Elle est enceinte et porteuse de ands projets, profondément connectée au miracle de la vie qui s'exprime tout être et toute chose, esprit, âme et corps. Archétype de l'amour manel, elle est rayonnante, féminine, active, généreuse, lumineuse, et senelle. Son intelligence est à la fois pratique et intuitive.

:tte femme partage sa sensibilité et prend sa place en se soumettant à sa .ture spirituelle, au rythme de la nature physique.

nsi, la lune et les étoiles ont une place spéciale dans sa vie, pour la guider l'inspirer.

nie de la Papesse, elle est cependant plus ancrée dans les valeurs que ιns la spiritualité, et c'est certainement grâce à cette qualité qu'elle tient monde dans sa main... tout en étant au service de l'humanité.

: Bateleur, au travers de cette rencontre, a la possibilité de s'ouvrir à ntelligence pratique de l'Impératrice. Papesse puis Impératrice sont :ux dimensions de la féminité qu'il intègre dès le début du voyage avant aborder le principe masculin.

Thème d'improvisation dansée :
Je danse en offrant au monde, le meilleur de mon énergie féminine.

Impératrice aux mille visages

Une Mère Divine qui porte en elle le projet
D'une Terre plus féminine pour tous ses sujets
Une brahmine engagée dans la société
Une fine intelligence qui ne pense qu'à aimer
Beaucoup de yin pour porter le yang
Son visage t'illumine quel que soit ton rang
Sa nature s'exprime sur tous les fronts
Invitant chaque être humain, à offrir ses dons !

Impératrice aux mille visages
Impératrice aux mille présages
Porte la vie et donne la vie
Aime la vie et allège la vie.

IV L'Empereur

oici un homme bien assis, posé et puissant sur le plan matériel. Doué 'un esprit de conquête et d'une capacité de matérialisation de ses idées, se montre décidé, affirmé, et dégage une autorité naturelle. Les 4 élé-nents, les 4 directions et les 4 états de la matière Alchimique, forment le ocle inébranlable de son trône. Mais il ne s'arrête pas à ce qu'il croît savoir u posséder. Il garde en lui une sagesse, et une ouverture spirituelle qui le ousse, comme l'Impératrice à incarner des valeurs spirituelles fortes, et à onquérir de nouveaux espaces. Il se doit d'être un exemple pour ceux qui entourent, et c'est certainement un fin stratège, pour organiser ce voyage.

'Empereur enseigne au Bateleur, l'ordre des choses, le sens des respon-abilités et le respect des règles. Il lui montre l'étendue de son pouvoir de volonté et action".

Thème d'improvisation dansée :
Je fais danser la force de mon énergie masculine dans les 4 directions.

Emprise et surprise de l'Empereur

Il est là, pour agir, conquérir et offrir
Le meilleur du monde
Le meilleur des mondes

Les mains de l'homme animé de courage
Les ailes de l'aigle survolant le mirage
Il exhorte les siens à prendre leur place
Il invite le chercheur à suivre sa trace
La force majestueuse que rien ne dévie
Ouverture et puissance au service de la vie

Toutes ses actions pour toutes ces nations
Révèlent une règle pour vivre son rêve :
"Aide-toi et le ciel t'aidera"
A bâtir un espace fidèle à tes audaces
Et permettre à la grâce de prendre sa place

V Le Pape

Un homme mûr et dégageant une douce autorité, accueille maintenant le bateleur. Il vit pleinement sa spiritualité, connecté à la Source Universelle de toute chose. Il répand l'amour, la compassion, la bienveillance, la tolérance, le pardon.

Il tient dans sa main les 3 mondes (physique, astral et spirituel).

Tel un pentacle ou une étoile flamboyante, il canalise et diffuse la Quintessence des 5 éléments (feu, air, terre, eau et éther), 5 sens, 5 doigts de la main, et 5 planètes traditionnelles (Mars, Mercure, Saturne, Jupiter, Vénus).

Quelle belle connaissance de l'être humain il possède !

Son verbe est juste, son intelligence est inspirée, il connaît et transmet les Lois. Il attire et touche les autres par l'humilité et l'authenticité qui l'habite. Il offre sa bénédiction à qui veut la recevoir, conscient de sa responsabilité. Cette communication empreinte d'amour, peut faire des miracles.

Maintenant que le Bateleur a rencontré ses deux parts masculines et ses deux parts féminines, il comprend à quel point on peut vivre dans le rayonnement et le partage spirituel.

Thème d'improvisation dansée :
Je me laisse inspirer par la spiritualité universelle et je danse pour accueillir le monde tel qu'il est.

Le Pape

Accueil et Amour
Sans écueil ni détour
Le spirituel t'inspire
Et ton esprit aspire
Au meilleur de l'humain
Le coeur sur la main

Avec force et douceur
De ton for intérieur
Emane une aura
Qui émet de l'or
Sur les êtres et les objets
Du mal-être et du rejet

Canal du verbe divin
Cajolé par tous les saints
Tes mots caressent nos destins
Avec l'adresse d'un devin
Qui voit le jour quand tout défaille
Qui voit l'Amour dans la Bataille

La compassion sans la passion
La transmission pour seule mission
Engagé sans aucun gage
Ton Langage traverse les âges
Ta religion reste libre comme l'Air
Et ta raison d'être est bien sur la Terre

VI L'Amoureux

. vie sociale et les relations nous amènent à des remises en question.
)us sommes parfois tiraillés et perdus dans la confusion des émotions.
1 récolte ce que l'on sème à court ou long terme.
talité entre peur et lâcher-prise ? Légèreté et maturité ? Sublimation et
aisir facile ? Réserve et exubérance? Profondeur et superficialité ? Etude
expérience ? Sagesse intérieure et démon intérieur ? Amour spirituel et
10ur ordinaire...
)mment savoir si cette petite voix intérieure est celle de la sagesse et
)n de l'ego ?
: Doute n'est-il pas le Cauchemar de l'Initié ? Quelle épreuve pour le
bre-arbitre et la Confiance !
: Doute place l'initié face à un choix important, un engagement à
'endre.
intensité de ces émotions entraîne un repli sur soi dans l'espoir de trou-
·r un peu de paix. La dualité permet donc de retrouver son propre centre,
de placer sa conscience au-delà du choix.
e facto, l'Amour Universel embrasse toutes les options et chaque créa-
res, en tant que parcelle de la splendeur du Cosmos. Et c'est si bon !

)ur cette étape clé du parcours initiatique, le Bateleur est invité à se ren-
)ntrer lui-même, unir ses dualités et trouver l'Amour de Soi. La Source
niverselle n'attend que lui pour déverser son Amour.

Thème d'improvisation dansée :
Je danse pour embrasser toutes les aspects de ma personnalité, chaque
parcelle de mon être et tous les sentiers de mon existence.

'ange d'Amour	Me pousse à boire à l'eau-de-vie
	Du plus grand Amour de ma vie
n ange passe...	
: prie pour qu'il efface tout ce qui	L'ange est là ...
te tracasse	Sa flèche dans mon coeur efface les
Iais rien ne s'efface et je dois faire	peurs
.ce	Une vague de chaleur qui me laisse
u-delà des émois, au-delà du choix	rêveur
l'Amour de soi, à l'Amour en moi	J'ouvre les yeux sur la voie du milieu
	Après tant de voeux pieux, Merci
u grand croisement de la vie	pour ce non-lieu !
'ne petite voix que rien ne dévie	

VII Le Chariot

'homme qui conduit ce chariot ne le conduit pas vraiment. Il est soutenu
u guidé par une énergie évidente, qui le fait avancer. Plein d'assurance,
rassemble les désirs opposés. Les énergies féminines et masculines (Im-
ératrice & Empereur) sont complémentaires, tout comme l'alliance des 7
lanètes, les 7 jours de la semaine, les 7 notes de la gamme, les 7 vertus, les
péchés, les 7 chakras, et autres 7 pleins de sagesse.

et homme serein, reflète un sentiment de noblesse et une grande
onscience de sa valeur. A sa rencontre, les batailles sont déjà gagnées et
otre quête prend rapidement une expansion nouvelle.

n bel équilibre se profile et donne au Bateleur l'envie de s'engager. Le
hariot lui montre la route et lui dit : « Tu as pris conscience, maintenant
vance ! »

Thème d'improvisation dansée :
Je ressens l'énergie créatrice du mouvement, des êtres et des choses.
Mon véhicule de lumière danse en se laissant guider par cette énergie.

Véhicule de lumière

L'inspire et l'expire
Le meilleur et le pire
Les opposés s'attirent
Et jamais ne chavirent

En route pour l'aventure
Avec comme nourriture
Les nobles écritures
Que l'ange me murmure

Car je lui fais confiance
Et je sens que j'avance
Même au-delà des sens
Toujours dans le bon sens

Car une fois activé, le véhicule sacré
Je suis un arc-en-ciel d'énergies multicolores
Je suis un chariot dans le Grand égrégore
Je suis re-lié, intègre et intégré

VIII La Justice

Ce personnage a l'air si équilibré, posé, émotionnellement stable, voire impassible... qu'il semble androgyne. Son 3ème œil est bien marqué, sur une couronne de métal froid et le Bateleur n'échappera pas à sa perspicacité.

La Justice tranche, établit des règles, veille à l'équilibre parmi les hommes, conformément aux lois de l'Univers et le poids d'une plume peut faire toute la différence.

Derrière cette façade impartiale, réside un fort sens maternel et un coeur léger.

Sa mission est "pure et simple", résolument tournée vers les hommes, pour leur bien-être intérieur et extérieur. L'équilibre universel semble si facile si chacun incarne la paix et l'amour. Facile à dire... et possible à faire, avec l'aide de Dame Justice.

La Justice enseigne ou rappelle au Bateleur l'omniprésence des lois Universelles, et l'invite à y trouver son équilibre.

Thème d'improvisation dansée :
Je m'installe dans ce que je suis et je danse pour expérimenter
des formes diverses et variées de l'équilibre.

Thémis

J'ai foi en la loi, qui telle un fil de soie, habille les vrais rois et protège
les droits

Mes yeux voient
Au-delà des apparences
Mon coeur croit
Au divin de ma balance
Mes mains tournoient
Sur le glaive de la transparence

Alors ... confiance !
Je t'invite à révéler ce pourquoi tu es né
Je t'invite à exprimer en toute simplicité
Ce qui te définit, relié à l'infini.

IX L'Ermite

série des unités se termine par la rencontre avec un sage détaché du
onde, un ascète qui vit dans la plus grande sobriété. Que possède-t-il
art son expérience ? Prenons le temps d'aller à sa rencontre, faire une
use et écouter sa sagesse parfois silencieuse, en appréciant ce moment
ur ce qu'il est. Les apparats sociaux ont bien peu d'importance pour ce
ndez-vous. L'honnêteté sera bien plus utile. Il avance, avec équanimité
un chercheur éternel, pleinement connecté à sa lumière. Il y a tant de
arté dans cette petite lanterne qu'il tient dans sa main ! C'est ainsi qu'il
laire chacun de ses pas sur les sentiers de la vie. Cette lumière éclaire et
urrit pleinement sa quête intérieure. L'Ermite peut ainsi éclairer ceux
i viennent à lui, sans les éblouir, ce qui évite bien des obstacles.
a bâton à 7 noeuds guide également ses pas, ainsi que le serpent de la
nnaissance.
connaissance qu'il a acquise de lui-même, lui ouvre les portes d'une
aturité universelle.

est pourquoi son message au Bateleur se résume à : « Regarde en toi ! ».

Thème d'improvisation dansée :
Je marche en pleine conscience, tout simplement !

Message de l'Ermite

Loin de vos royaumes
Mon royaume est intérieur
Loin des vos lumières
Ma lumière est intérieure

J'ai gravi les 7 marches du trône
de mon être
Fait tourner les 7 roues d'énergie de mon être

Je vois au-delà de tous ces mi-
rages
Reclus dans l'ombre de mon
ermitage

Le silence suffit à mon esprit au
ralenti

Sérénité de mon souffle après le
repenti

Si vous venez à moi
Je vous offre un peu de moi

Face à l'ivresse de vos questions
Face au feu de la passion
La sagesse de ma raison
Un vieil homme plein d'atten-
tion

Car le temps est mon ami
Et du fond de mon abri
Je ne connais pas l'ennui
Car je connais l'arbre de vie

X La Roue De Fortune

L'existence nous offre tant et tant d'alternatives. Cette roue impersonnelle et flottant sur l'eau, illustre les opportunités de changement. Inutile de s'accrocher, ni au matériel, ni à ce que nous avons acquis jusqu'à présent ! Restons flexibles, toujours conscients et centrés. Ce que nous ne pouvons pas changer, à nous d'en faire le meilleur. Observons aussi les choses d'en-haut, avec détachement, prêts à utiliser notre épée avec sagesse. Ayons confiance dans les cycles de l'existence, les pages qui se tournent, la danse de la vie et de la mort.

La roue tourne et montre au Bateleur qu'il peut donner ou recevoir, monter ou descendre selon son propre désir d'évolution. A lui de rester à la fois "centré et ouvert", dans la jeunesse éternelle de l'âme.

Thème d'improvisation dansée :

Entre maîtrise et surprises, je danse en hommage à tout ce qui est souple, ce qui monte et descend, ce qui tourne et ce qui change la vie !

La roue sans racines

On dit que je tourne, ça donne de l'espoir
A l'image des planètes, lumières dans le noir
On dit que mon centre n'a point de racines
A l'image des étoiles qui vous illuminent

L'univers est ma demeure
Et même si parfois je pleure
C'est la joie qui ressurgit
Dans le mouvement de la vie

Respire et plonge dans le cycle du temps
Danse avec moi et au gré du courant

Conscience de ce que je suis
Concentration de l'énergie
Pour mieux danser et vous aimer
Pour mieux tourner et s'élever

XI La Force

our commencer ce nouveau cycle de dizaines, la force tranquille se ma-
ifeste.
a paix récoltée au passage de La Roue de Fortune, donne de l'assurance,
t le courage de regarder encore plus profondément en nous. C'est aussi
n nouveau regard sur nos relations avec les autres. Cette vision spirituelle
es choses nous montre que certaines forces agissent malgré nous, mais
uel que soit le combat à mener, nous pouvons rester confiants.
'auto-discipline est le secret.
insi, la force de l'instinct animal peut s'apaiser.
e voyageur peut faire face à son ego avec la douce certitude d'en faire un
llié, pour une quête couronnée de gloire et de reconnaissance.

a Force insuffle au Bateleur une énergie nouvelle, celle d'un être manifes-
ement fort et connecté aux forces spirituelles.

Thème d'improvisation dansée :
Dans cette grande école de la vie, je laisse s'animer et danser la force
tranquille que je porte en moi.

Douce force

Le paradoxe de ma force
C'est la douceur de cette force
J'ai détrôné au fond de moi
Ce bel Ego qui faisait foi
Et j'ai trouvé au fond de moi
Le miroir qui m'ouvre à toi

Lâcher l'effort et juste vivre
Ce que la vie m'invite à vivre
Un peu plus de hauteur
Car plus de profondeur
Découvrir un ailleurs
En ouvrant l'intérieur

Je suis sereine et victorieuse
Quoi qu'il arrive je suis preneuse
Insatiable voyageuse
En semeuse ou vendangeuse
Vertueuse ou voluptueuse
La porte des dizaines ... est vertigineuse !

XII Le Pendu

est l'heure du grand renversement ! Toute prédisposition pour l'intros-
ction et la méditation est un sérieux atout pour vivre cette étape du par-
urs dans la sérénité et avec le sourire !
e rien avoir, ne rien savoir, n'être personne.
est temps de s'abandonner, de lâcher les attaches, les certitudes, la part
Soi qui résiste, le matériel. Désillusion, inversion, sacrifice...
si tu envisageais les choses sous un autre angle ? Et si tu tentais l'expé-
ence de te soumettre, avec altruisme... à un sens plus grand ?
ême si au début c'est quelque peu inconfortable, ceci est un passage né-
ssaire à ton évolution. Ressens donc, de tout ton être, à quel point il est
on de se laisser porter par ce fil spirituel qui relie toute chose.
erte de connaissance, co-naissance reliée de ce sens plus grand, véritable
-naît-sens.
ur ce nouveau plan, certains moyens et idées sont devenus inefficaces et
e nouvelles visions émergent dans l'esprit du Bateleur qui a lâché prise.

Thème d'improvisation dansée :
Je relâche mon corps et j'accepte cette invitation à danser en lâchant
toute intention !

Le Pendu

Oups !
Ouf ! J'ai lâché prise !
Y'a plus d'emprise ni de main-mise
Plus aucune prise ni entremise

Inversion des rôles et changement de regard
Inversion des pôles et nouveau départ
Se laisser porter, se sur-élever
Se laisser guider, pour se surpasser

Mes attaches familiales et karmiques
Se détachent en une formule magique
Une formule que j'avais sous les yeux
Tout comme bon nombre de mes aïeux

Je suis le pendu, rendu à la vie
Suspendu et détendu
Ouvert à l'inattendu !

L'Arcane XIII

n'y a pas de nom pour désigner cette phase de dépouillement et de transformation. Grand nettoyage du superflu et des illusions, mise à jour des traumatismes profonds, se libérer du passé. Cette "opération" permet un retour serein à ce qui nous structure, le "squelette". C'est le moment de renforcer la structure qui nous fait avancer. Cette carte est puissante et perspicace. Elle éveille, permet de se relier à l'essentiel et rien ne sera jamais plus comme avant.

La rencontre avec la lame sans nom marque la fin du règne de l'illusion et la possibilité d'embrasser un renouveau profond.

Thème d'improvisation dansée :

Je danse en nettoyant mon être, je danse pour laisser derrière tout ce qui est désormais inutile dans ma vie, je célèbre la mort de ce qui m'empêchait de danser librement.

Mystérieuse faucheuse...

Rarement invitée
Souvent précipitée
Vous illustrez mes visites
D'innombrables mythes
Et me prêtez des histoires
Tellement diffamatoires
Tellement contradictoires...

Même si rien ne porte à croire
Que je ne suis pas si noire
Je me présente sans accessoire
Et ce n'est pas la mer à boire

Car grâce à moi La Bénévole
Du remplissage des nécropoles
C'est une plume qui s'envole
Libérée de sa geôle
Ce sont des âmes sans boussole
Qui retrouvent leur auréole

Et pour ceux qui restent en vie
Je vous offre une nouvelle vie
Une vision transformée
Une structure transmutée
De nouvelles pousses remplies d'espoir

33

XIV La Tempérance

onversation avec l'ange terrestre. Un être aux grandes ailes ouvertes et
ـs pieds sur terre, éthéré et ancré dans ce monde, léger et occupant plei-
ement sa place, jeune et serein. Ce personnage androgyne fait communi-
uer l'or (spiritualité céleste) avec l'argent (spiritualité terrestre). Il invite
allier et équilibrer le corps et l'esprit, le lunaire et le solaire, le yin et le
ang, le masculin et féminin, dans la paix et l'amour.
a vision intérieure et extérieure est fine et inspirée. Les paroles qui éma-
ent de lui diffusent un souffle de pureté et il nous offre sa protection.
ⵏet ange révèle au grand jour, ce pourquoi il a fallu passer par la "lame
ans nom".

ⵏour le Bateleur, le renouveau commence par un bain de lumière et un
change intense avec les forces subtiles, lumineuses, angéliques, univer-
elles.

Thème d'improvisation dansée :
Ma vie est une danse subtile.
Comme un ange, je danse avec les forces angéliques.

Angélique

L'ange qui passe
A peine une trace
Une inexplicable sensation
Une indescriptible oraison
Qui met à jour les événements
Et réduit le jour à l'instant présent

C'est un dialogue silencieux
Connecté au-delà des cieux
A l'Amour que Lui seul connaît
Car l'or et l'argent sont en Paix
Asexués par la Lumière
Tempérés par tant d'Amour

XV Le Diable

bain de lumière est immédiatement suivi par une plongée dans le côté
imal et physique de l'humain enchaîné, vil et dépendant. Seul le Diable
ut révéler au Bateleur un tel tableau de l'humanité.

)us portons en nous la force lumineuse nécessaire pour accepter l'ombre,
accédons à une connaissance profonde des parties les plus cachées de
tre. Mais la tentation des pouvoirs occultes est grande.

ce à cela, le Bateleur a pour mission de se libérer des forces débordantes
ui parfois le dominent, pour oser imposer son choix d'être au service du
onde. Le Diable l'aide à dissoudre ce qu'il reste à changer en lui, afin de
aguler les particules restantes sur un chemin Lumineux.

: Bateleur apprend ainsi à maîtriser le corps, les instincts, le mental, les
rces de la nature aussi indomptables que le feu, ainsi que les énergies
btiles. Une formidable énergie vitale est ainsi déployée.

aintenant que tu as fait face à ta lumière, tu es en mesure d'éclairer ton
nbre afin de transmuter ce qu'il en reste... en Lumière.

Thème d'improvisation dansée :
Je danse avec la puissance du plaisir instinctif, et mets en lumière
l'intelligence primale qui m'habite.

XV

Au diable l'avarice de soi
Je vote pour moi et moi et moi !
J'ai trouvé la solution
A toutes vos coalitions
Mon pouvoir sur la matière
Me vient de l'antimatière
Car je domine les éléments à l'origine de vos tourments
Car je maîtrise les éléments à l'origine de mes tourments

Le règne animal subsiste en tout homme
Depuis bien avant l'histoire de la pomme

Pour délier les langues, j'adore le linguam
Et je caresse vos corps sans vendre mon âme
Prenez-moi pour modèle pour que je vous pénètre
Et insuffle à votre être le feu de mon être
Vous verrez la laideur dont nous sommes tous coupables
Vous trouverez le bonheur dont nous sommes tous capables

Car m'accueillir en vous-mêmes
C'est bien jouir d'être vous-mêmes
Transcender le mal pour s'approcher du divin
Trinquer à la vie, avec un bon vin !

XVI La Maison-Dieu

près l'Ange et le Diable, les Révélations de la maison-Dieu s'imposent à celui qui voudrait se prendre pour Dieu dans ce voyage !

Les choses que l'on croyait solides et bien construites s'effondrent irrémédiablement, afin de laisser entrer la Lumière (foudre Divine) et de donner un nouveau souffle à notre conscience. Pour bâtir sa vie, il faut bien visiter les entrailles de son être.

Il y a quelque chose de l'ordre de l'égo, l'orgueil ou l'archétype masculin à déconstruire. C'est un moment de changement, voire de chamboulement, un remaniement des idées, une prise de conscience !

A force d'enfermement et de tensions, l'explosion est salvatrice.

Si le Bateleur ne veut rien voir ou s'il tente de résister, le changement risque de se manifester avec davantage de difficulté... jusqu'à ce qu'il cède. S'il se plie à cette volonté divine, c'est peut-être l'illumination soudaine !

L'orgueil et l'ego humain comportent des pièges qu'il va donc falloir neutraliser. « Cher Bateleur, ne lutte pas contre le changement !»

Thème d'improvisation dansée :
Je danse comme la foudre divine qui apporte la lumière là où mon être résiste !

Soudain tout s'effondre

Sous le poids des certitudes
Invisibles certitudes
Mes sourdes idées-fixes
Deviennent si dyslexiques
Que l'air que je respire
En cet instant de délire
M'étouffe et m'enferme
Tel un corps infirme
En lutte contre lui-même
Oubliant ceux qui l'aiment

Miroir de mes pensées perdues
Mon corps vomit ce que j'ai reçu
Miroir d'un coeur qui implose
Je frappe contre une porte close
Mais l'Univers est grand
Et la main de Dieu reprend
Son espace de Lumière

Quand l'homme perd ses repères
Soudain la Lumière illumine les mots
Soudain tout s'effondre et fait fondre l'Ego
Une envie d'y croire vient calmer la douleur
Un rayon d'espoir dans un vent de fraîcheur

A la limite de mon être, s'ouvre un ciel illimité
Lumière de la connaissance dans un éclair d'ubiquité
Amour inconditionnel pour toutes le briques de ma maison
Paix du coeur et de l'esprit, au-delà de ma raison.

XVII Les Etoiles

'ultime effondrement de l'ego permet à l'être de se connecter à son âme et sa guidance la plus pure. L'étoile, représentation courante de l'âme, peut lairement communiquer son message.

'espoir est là.

'homme, en tant qu'être spirituel, peut manifester son essence sur Terre. e Bateleur ouvre ses perceptions et peut ressentir les influences astrales t énergies bienveillantes des guides qui l'accompagnent et l'inspirent. Quelle légèreté et quelle liberté ! Qu'il est bon de se mettre à nu et de se aisser guider par l'étoile de l'Espoir et de l'Amour. C'est une étape qui ffre la sérénité, la fluidité, la douceur, l'acceptation, honnêteté d'être soinême.

'Etoile ouvre au Bateleur les portes du plan Céleste et lui offre la Communion avec la partie la plus élevée du Soi, et avec le Cosmos.

Thème d'improvisation dansée :
Je me relie à ma bonne étoile et je danse le Bonheur de me mettre à nu devant le Cosmos !

Parmi les étoiles, je suis une étoile !

Une main majestueuse, il y a bien longtemps,
A touché le ciel et dessiné l'ère du temps.
Maisons astrologiques défiant l'air du temps ?
Délires astronomiques au hasard des vents ?

Quelle que soit la réponse, je suis à ma place
Survolant ce monde qui jamais ne me lasse
J'éclaire des destins qui chaque jour s'entrelacent
Je veille sur des âmes qui sans cesse se déplacent.

Vos espoirs et vos rêves attrapés au vol
Alors qu'ils s'élèvent et échappent au contrôle
Attirés vers nous, poursuivent leur envol
Portés par l'élan des étoiles les plus folles !

Un filet, une toile, une nuées d'étoiles
Un ballet de lumière qui la nuit se dévoile
Le capitaine invisible a hissé la grand-voile
Pour notre plus belle nuit à la belle-étoile

Je suis une étoile et j'ai le pouvoir
Si tu vois en toi, de t'offrir l'Espoir
Si tu crois en toi, de briller dans le noir
Je suis une étoile et tu peux me croire !

XVIII La Lune

ﾗstre de la nuit se révèle.

 ﾗ Bateleur passe par un moment de mutation où il se trouve un peu emﾗurbé dans ses schémas inconscients mais avec une grande envie de déﾗuvrir la suite de ce chemin qui intègre dorénavant sa dimension Céleste.

 ﾗvoudrait abandonner ce qui l'alourdit ou le fait tourner en rond sur ﾗrre. Les parties cachées du corps et de la conscience se manifestent et ﾗuvent l'induire en erreur.

ﾗst pourquoi les gardiens de cet espace-temps veillent sur la frontière ﾗtre Rêve légitime et illusion, ainsi que ce délicat canal de connexion avec ﾗLune.

ﾗée à l'eau, au Féminin sacré, à l'inconscient, et l'imaginaire, la Lune ﾗvre la sensibilité, l'intuition et la conscience de tous les grands Rêveurs. ﾗle nous relie aux cycles universels.

ﾗLune dit au Bateleur : "Laisse entrer la Lumière au plus profond de tes ﾗnges et de ton intime."

Thème d'improvisation dansée :
Je danse pour vivre mon rêve universel.

Luna rossa

Du coeur de la Lune,
Astre de la Lune,
Éclairant la pénombre
Et les eaux profondes
Des monde inférieurs.

Au clair de la Lune,
Astre de la Lune,
Je t'ouvre ma porte
Afin que tu éclaires
Mon monde intérieur.

Au clair de la Lune,
Un soir de pleine Lune
Éclaire ce qui est sombre
Et libère les ombres
De ce monde qui a peur !

Du coeur de la Lune,
Un soir de pleine Lune
Que s'ouvre la conscience
Jusqu'à l'inconscience
De tous les grands rêveurs !

Texte mis en musique à écouter sur www.sundrifeeling.com

XIX Le Soleil

Le Bateleur peut enfin faire face à l'astre du jour (père Divin) qui rayonne de toute sa splendeur ! L'union est réussie entre masculin et féminin mais aussi entre la force de vie physique et l'expérience spirituelle, entre l'émotion et la raison.

La Joie est là. Apprécions et partageons ce sentiment d'accomplissement, de sécurité, de bonheur et d'optimisme. La vision est claire, brillante et rapide, offrant de belles ouvertures créatives. Le soleil rayonne car telle est sa nature.

Bateleur, tu peux enfin Etre et rayonner de toute ta Lumière !

Thème d'improvisation dansée :
Je danse et rayonne de Joie et de Lumière.

Soleil Soleil !

Comme un feu
Sous un ciel bleu
Plus rien ne compte
Je sens qu'il monte
Pas besoin d'annonce
Pour toutes ses réponses
Léger comme la lumière
Et pur comme une prière
Diffusion immédiate
Effusion mégawatt
Baiser de l'univers
Beauté à découvert

L'évidence qui fleurit dans mon coeur
C'est l'Amour qui attendait son heure !

XX Le Jugement

Renouveau et émergence de l'être sur un plan supérieur.

Cela s'impose !

Le Jugement ne laisse pas d'autre choix que de l'accueillir, avec gratitude et humilité.

Pas seulement l'entendre, mais accepter de remettre son propre jugement entre les mains d'un jugement supérieur, permettre à cette volonté de prendre sa place sur terre, en soi et à travers soi. C'est une affirmation et une Renaissance qui nous place dans une relation nouvelle avec le Monde et le Cosmos.

Cher Bateleur, enfin, les évidences s'imposent !

Thème d'improvisation dansée :
Je danse pour rendre grâce au Miracle en moi et autour de moi.

Tout et rien

La lumière en toute chose se révèle à mes yeux
A ce niveau ultime des racines jusqu'aux cieux.
Je ne sais rien
Et quelque part, je sais tout !
Je ne choisis rien,
Et quelque part, je choisis tout !
C'est pourquoi le jugement final
Est tout simplement génial !

XXI Le Monde

acun a sa place et sa raison d'être dans le monde. Il y a largement assez
mour, de lumière et d'oxygène pour chacun d'entre nous.
cueil, respect et ouverture à l'ordre naturel des choses.
chaque étape de ma vie, j'ai passé des tests, trouvé des clés, ouvert des
rtes pour communier avec le monde.
s 4 plans du Tarot s'assemblent à la perfection et je prends ma place
ns un tout unifié. Je sais qui je suis et j'entre en relation personnelle
ec ce réseau universel. Je vis ce moment de béatitude et d'accomplis-
ment, en osmose avec la nature, les hommes, les femmes... la création.
Alchimiste comprend que "tout est en lui", et il expérimente l'union mi-
culeuse avec le grand Tout.

Bateleur comprend et prend pour lui-même, cette formule simple de
Alchimie : "Espoir, Amour et Abandon".

Thème d'improvisation dansée :
Je m'aime et le monde m'aime.

Mon Monde

Je fais partie du Tout qui décide de tout
Je danse dans la ronde qui fait tourner le monde
Une couronne de lauriers déposée sur mon monde

La terre, l'eau, l'air, le feu,
La mer, le sable, le vent et les dieux
Le passé, le présent, le futur, l'éternel
L'histoire, l'amour, les rêves et le réel

Le présent est parfait
L'instant se défait
Le cadeau est complet

Le temps me propulse à un autre niveau
Les 4 éléments prennent un sens nouveau
Les 4 directions me montrent que tout est beau

J'accepte l'évidence qu'en effet tout s'assemble
Je prends ma place dans ce grand jeu ou tout se rassemble.
"Espoir, Amour et Abandon"

XXII Le Fou

her Bateleur, ce voyage allégorique serait-il une histoire sans fin ?
out est en toi. Tu sais qui tu es, un être fondamentalement libre !
e Fou serait-il le personnage principal ce parcours initiatique ?
ranscendance du Bateleur ? Connaissance ou innocence ? Point zéro ou
ingt-deux ? Aube ou crépuscule de la cosmogonie ?
e Fou connait les masques et fonctionnements de l'être humain. Il pénètre
e secret de la Vie et s'inscrit à cette grande école. Il incarne le libre-arbitre,
insi qu'une conscience hors-norme et inaccessible aux autres.
e coeur et l'esprit léger, il t'invite à faire rayonner les couleurs de ton âme.
ous les états émotionnels sont intégrés et tu peux piocher à loisir entre
un et l'autre, pour les offrir au monde.
a liberté t'offre le privilège d'ouvrir de nouvelles voies pour une humanité
ui aspire à l'Evolution et qui a besoin de précurseurs.

ternel présent ? Eternel retour ? Nouvelle ère ? Roue ou spirale ? Es-tu
rêt pour un nouveau Grand voyage ?

on essence est la même que toute la création. Ta vérité découle de la
nême source créatrice universelle, source d'Amour inconditionnel pour
es hommes libres.

Thème d'improvisation dansée :
Je danse la folie et la liberté de tout recommencer !

Liberté mon Amour

Liberté d'expression de ma plume et de mon être
Libre des apparences et du jeu du paraître
Espace de liberté de la carte du monde
Espace illimité pour mon âme vagabonde

Dans mon coeur une étincelle d'optimisme à tout épreuve
Dans ma tête une ribambelle d'idées qui se passent de preuve
Dans mes mains un arc-en-ciel de desseins et de peintures
Sous mes pieds un peu rebelles les chemins de l'aventure

C'est la sortie du tunnel
J'ai trouvé mon naturel
Point zéro impersonnel
Destin multidirectionnel

Le voyage initiatique de Cendrine

Engagée pour l'Humain
Engagée pour l'Amour
Je t'ouvre mon coeur
Ma main comme une fleur

Un combat ordinaire
Dérisoire pour mon père
Délicat pour mes frères
Décisif pour la Terre

Alors que la déprime
Evahit les rimes
Des poètes et chanteurs
Dont la plume déchante

Je m'inscris pour l'Espoir
Je m'insurge pour y croire
Et si j'écris dans le noir
C'est pour mieux y voir
Mes formules de grimoires
Pour distiller l'Espoir !

J'ai grandi dans un contexte familial complexe et conflictuel, mais surtout riche d'un métissage Afro-caribéen, vietnamien, roumain, français, indien, juif, chrétien et athée. Cette ouverture à un monde si rempli de contrastes dès ma naissance, a été nourrie par ma passion pour les voyages intérieurs et extérieurs... avec ce besoin vital d'essayer de comprendre la nature humaine.

Aujourd'hui, je vis sur l'île de la Réunion, un exemple mondial de métissage racial et culturel.

Ma 1ère rencontre avec le Tarot se fit en 2003 alors que je travaillais comme responsable marketing. J'ai bénéficié d'un programme de coaching destiné aux cadres de l'entreprise. Notre coach Sophie utilisait le Tarot entre autres outils.

Mon premier contact avec les cartes fut "saisissant" et la même année j'ai commencé ma formation initiale avec Mercedes. J'étais de loin la plus

:une parmi toutes ces femmes qui s'intéressaient au sujet et étalaient leur
ie à travers les cartes. Au fond de moi, j'avais la certitude d'avoir quelque
hose à apporter à l'univers du Tarot.

,a nature m'a donné des capacités intuitives et de perception particulières,
ue le Tarot me permet de canaliser. L'écriture, la pratique de la
1éditation, du chant, et de la danse me permettent aussi de me relier à
me source infinie de créativité. Depuis enfant, scolarisée dans une école
bilingue anglaise, j'ai eu des facilités à apprendre les langues étrangères et
'ai retenu que pour décrire un même chemin, chaque langue a sa propre
ogique et sensibilité, tout comme le Tarot.

:ertifiée praticienne en relation d'aide centrée sur la personne
psychothérapie humaniste de Carl Rogers) en 2007, mes consultations,
ormations et ateliers sont empreints d'empathie, de congruence et
i'accueil positif et inconditionnel. Aimant former les autres, tout autant
jue me former, je continue à participer régulièrement à des stages de
iéveloppement personnel.

''ai longtemps cru au plus profond de moi que j'allais mourir à 40
ins. Il ne s'agissait pas d'une mort physique, mais d'une renaissance.
2 ans après avoir découvert la voie du Tarot, je lâche-prise comme le
'endu et me laisse porter par l'envie d'écrire pour rendre à l'univers ce
jue j'ai appris. "Le Grand Tarot de la Vie" est un premier livre de synthèse
lu voyage...

Ja pratique est aujourd'hui reconnue pour sa pertinence, sa profondeur
:t son originalité. J'accompagne des professionnels du bien-être, des
hérapeutes et des personnes de tous horizons qui ont pour point commun
le s'engager personnellement pour leur épanouissement.

'assionnée par la compréhension de la nature humaine et les processus du
3onheur, je porte en moi cette joyeuse volonté d'utiliser et de partager mes
lons, pour le meilleur de l'Humanité.

Les cours, consultations et ateliers avec Cendrine

LES COURS

Cours après cours, je t'accompagne dans un cheminement personne reposant sur la connaissance, l'imagination et l'intuition.

Bien sûr, il y a une dimension sacrée, dans ce travail : Un respect immens pour cet Art sacré, pour les personnes qui se retrouvent autour d'un table de Tarot, ainsi qu'une attention portée à l'atmosphère de travai lumineuse et bienveillante.

La verbalisation positive est une priorité pour moi, dans ce livre tou comme dans mes cours et consultations, formations et ateliers d'expressio corporelle. Quel que soit le message, il vise ton évolution et utilise des mot constructifs. Cette verbalisation est un moyen d'allumer la Lumière...
Les premiers cours consistent à s'approprier les symboles, puis chacun v se libérer de l'emprise de la pensée toute faite. Le Tarot est en effet un source d'enseignement évolutive !

Ces cours de Tarologie t'offrent un moment précieux pour :
1) Apprendre en pratiquant
2) Recevoir un tirage à chaque cours
3) Eveiller ta guidance et ton intuition
4) Faire évoluer ta connexion avec le Tarot
5) Rencontrer des personnes riches et désireuses de cheminer
6) Comprendre, t'épanouir et rayonner !

LES CONSULTATIONS

Nous commençons, au choix, soit par un état des lieux global, soit pa une question spécifique. Le tirage est suivi d'un temps de dialogue e d'intégration.
Prends le temps de te centrer sur ce qui est bon pour toi, d'assimiler mais aussi de vivre les émotions qui se présentent durant la consultation

Certains tirages sont passionnants pour aborder en particulier le chemin de vie, la généalogie, les relations, l'éveil, les chakras et autres thèmes.

ꞁs ateliers sont une invitation à ressentir, exprimer et intégrer l'énergie ꞁs arcanes majeures. Nous travaillons dans le respect du corps, en alliant ꞁs thèmes d'improvisation dansée ou des propositions de mouvements ꞁur chaque arcane, et la libre-expression de chacun.

ꞁa Liberté du Fou", "La Féminité de l'Impératrice", "Le Lâcher-prise du ꞁndu" et "L'union Masculin-Féminin" sont des exemples très inspirants !

ꞁ "tirage du jour" est offert à chaque participant, et l'expression corporelle ꞁrmet d'intégrer physiquement, le mouvement proposé par ce tirage.

ꞁvices ou initiés en Tarot, danseurs ou non, ces ateliers sont ouverts à ꞁus.

Questions fréquentes

Comment ça marche ?

L'individu dans sa dimension physique, émotionnelle, mentale, spirituel énergétique et astrale, communique avec le Tarot. Le Tarot devient ainsi miroir conseiller de notre être dans sa globalité.

Le Tarot aide-t-il à développer son Intuition ?

Oui, car il nous plonge dans une conscience plus grande de l'instant prései nous invite à percevoir les signes, et à prendre le risque de verbaliser l messages. Nous consultons et sommes les artistes-interprètes de cei Intuition bienveillante.

Le Tarot peut-il m'aider à comprendre le mouvement actuel dans ma vie

Le Tarot est particulièrement aidant en période de changement po éclairer nos choix, obstacles, atouts et perspectives. Mais quelle que so le mouvement actuel, le Tarot est comme un "jeu de clés" universelles. invite librement à vivre une énergie, ou à agir d'une certaine façon po ouvrir d'autres portes. Parfois, on se rend compte que c'est déjà en cou et parfois tout reste à faire.

Et si je n'ai pas de question ?

La plupart des consultations commencent par un état des lieux global une description du mouvement actuel proposé par le Tarot, sans que client n'ai posé de question spécifique.

En quoi est-ce un outil de développement personnel ?

Le Tarot te donne accès à la connaissance de ton être et des lois de l'Univei Il te permet, là où tu es, de mieux voir ce que tu peux transmuter en toi quels chemins tu pourrais prendre pour te développer, exprimer ton ple potentiel et laisser rayonner ton essence.

Quel Tarot utilises-tu ?

J'ai une préférence pour les belles cartes du Tarot d'Oswald Wirth (1860-1943), l'édition des 22 lames majeures. Les personnages y sont représentés avec précision. Le syncrétisme et la pureté des symboles me parle et m'inspire. Il reprend le tarot de Marseille traditionnel et associe chaque arcane à une lettre hébraïque. Il fusionne des éléments Kabbalistes, la tradition alchimique, l'iconographie des bâtisseurs de cathédrales, la vision égyptienne et d'autres traditions ancestrales passionnantes.

Je garde sous la main une collection d'autres cartes, que je choisis en fonction de mon ressenti et des circonstances.

Que puis-je faire pour faciliter ma progression ?

Je t'invite à méditer sur la vibration de chaque arcane car elle est le réceptacle d'une sagesse subtile et particulière.

Et la voyance / le divinatoire dans tout ça ?

Si certains ont ce don pour voir l'avenir, je dirais surtout qu'il existe pour chacun et à chaque instant, de nombreuses possibilités, de nombreuses lignes temporelles. Notre libre-arbitre nous donne ce choix et je ne souhaite pas répondre à quelque besoin de certitudes, trop souvent motivé par la peur. Je préfère éclairer le présent, et oeuvrer pour l'artiste de sa vie.

Et toi Cendrine, est-ce que tu t'en sers pour toi ?

Oui bien sûr ! Lorsque je suis face à une question spécifique, je prends un temps de centrage et d'ouverture, avant de consulter le Tarot. C'est toujours un moment qui m'aide à avancer. J'utilise aussi des jeux de cartes thématiques, différents du Tarot, avec des messages ne demandant pas ou peu d'interprétation. En effet, il n'est pas toujours facile d'être "soi et son propre miroir".

Meditation active de connexion à l[a] sagesse du Tarot

«Durant les minutes qui vont suivre, nous allons vivre une méditati[on] active afin de nous relier à la sagesse du Tarot.

Je m'installe confortablement, les yeux fermés ou mi-ouverts.

Je prends conscience de mes appuis sur le sol et sur mon siège.

Je ressens ma colonne vertébrale, et l'ensemble de mon axe vertical, q[ui] s'ancre dans le sol, et s'élève vers le ciel.

Je prends conscience des mouvements associés à mon inspiration et [à] mon expiration.

J'observe, simplement, mon ventre qui gonfle et se dégonfle, mes poumo[ns] qui gonflent et se dégonflent.

J'ajoute à cela l'image et la sensation d'une belle lumière qui entre e[n] moi lors de l'inspiration et qui prends toute sa place en moi lors de m[on] expiration.

Je tourne mon attention vers l'intérieur. Détente et concentration. Pl[us] je tourne mon attention vers l'intérieur, plus j'ouvre en moi un espa[ce] lumineux de connexion à la sagesse du Tarot.

1) Version courte pour une connexion globale :

C'est le moment d'opérer un mouvement intérieur en direction du chemi[n] initiatique du Tarot, cette source de sagesse, vivante et qui se renouvell[e]. En visualisant et en ressentant cette connexion maintenant, je m'atten[ds] à recevoir des cadeaux d'une valeur inestimable : éclairer le présen[t], multiplier les possibilités d'évolution, me libérer du passé, harmoniser m[a] relation avec moi-même et le monde, faire rayonner le meilleur de ce qu[e] je suis !
Si un message, une sensation ou une image retiennent mon attentio[n], j'accueille et je continue à ressentir ma connexion à la sagesse du Tarot.

) Version longue pour une connexion carte après carte :

ur le grand écran intérieur de nos pensées, préparons-nous maintenant visualiser et aller à la rencontre de chacune des 22 lames majeures du arot. Je vais prendre le temps de les observer, de les laisser s'animer râce à mon imagination, et je vais permettre à la sagesse de chaque carte, e prendre sa place en moi et dans ma vie actuelle.

...)

uite pour les versions 1 et 2 :

Merci pour ce moment précieux. A présent, je suis pleinement et ersonnellement connecté(e) à la sagesse du Tarot.

e remercie d'avance pour tous les messages de développement et l'épanouissement personnel que je vais recevoir, ainsi que pour toutes es belles énergies prêtes à m'accompagner durant cette séance, et durant ette journée !

e reprends conscience de mes appuis sur le sol et sur mon siège. Je peux ommencer à bouger les pieds, les mains, et la tête.

oilà ! Je prends une bonne inspiration dynamique, et je prends mon emps avant d'ouvrir les yeux, de m'étirer lentement.

Nous sommes prêts à continuer cette belle journée, prêts pour le Grand Tarot de la Vie !»